동시**로** 생각하고
수필**로** 이해하고
문제**로** 논술하는

로로로 초등 국어

2022
개정 교육과정
개정판

동시로 생각하고
수필로 이해하고
문제로 논술하는

로로로

초등 국어

2학년

글 윤병무 | 그림 이철형

국수

단원 개요

국어 교과서의 단원별 열쇠 말을 의문형 문장으로 짧게 써 놓았어요. 독자의 궁금증을 이끌어 내기 위함이에요. 자발적 배움은 궁금함에서 시작되니까요.

국어 동시

동시로 국어를 배워요. 이야기가 있는 국어 동시를 읽으면 단원의 핵심 개념을 느끼고 생각하면서 자연스레 배울 수 있어요. 이야기의 힘이에요. 동시와 어울린 그림 또한 마음에 스미게 해 주어요.

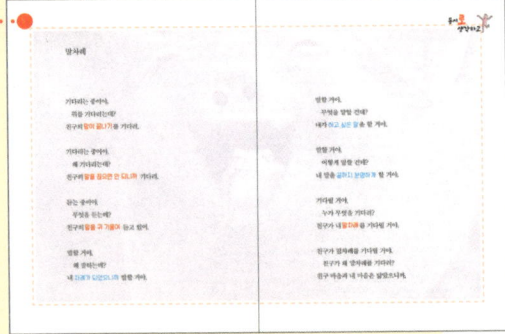

이 책의 구성

국어 수필

단원별 국어 지식을 수필로 풀었어요. 딱딱한 논설문이 아니라 조곤조곤 이야기로 설명하는 수필이에요. 물론, 독자는 읽어 내야 이해할 수 있어요. 이 수필은 지식이 쌓이고 마음이 살지는 글이에요.

논술 문제

정답을 요구하는 문제가 아니에요. 독자의 자유로운 생각을 이끌어 내는 서술형 문제예요. 어린이 독자의 생각을 분명하게 써 보는 게 중요해요. 생각은 글로 나타낼 때 깊어지고 넓어져요.

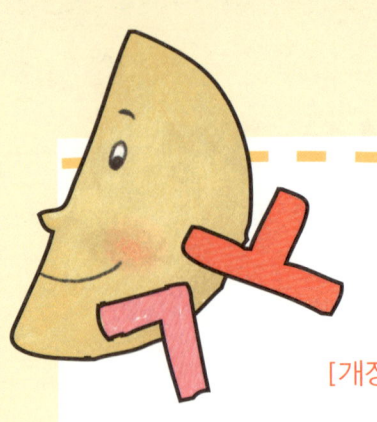

[개정판] 머리말 국어라는 들꽃밭 • 12

① **말차례** • 17
만나서 반가워요

② **말을 주고받는 놀이** • 25
말의 재미가 솔솔

③ **'꾸며 주는 말'로 생각을 생생하게 나타내기** • 33
겪은 일을 나타내요

④ **동시를 재미있게 읽기** • 41
분위기를 살려 읽어요

차례

5 **글쓴이의 마음을 짐작하기** • 49
마음을 짐작해요

6 **글에서 글쓴이가 하고 싶은 말 찾기** • 57
자신의 생각을 표현해요

7 **나쁜 말과 고운 말** • 65
마음을 담아서 말해요

8 **이야기 속의 인물을 말과 글로 표현하기?** • 73
다양한 작품을 감상해요

⑨ **읽은 작품을 소개하기** • 81
장면을 상상하며

⑩ **듣기 좋은 말** • 89
서로 존중해요

⑪ **누구를 소개하고 무엇을 설명하기** • 97
내용을 살펴요

⑫ **읽은 글에 대한 글쓰기** • 105
마음을 전해요

⑬ **글자 모양은 비슷해도 말뜻이 다른 낱말들 • 113**
바른 말로 이야기 나누어요

⑭ **연극과 그림책 • 121**
매체를 경험해요

⑮ **자신의 생각을 말과 글로 표현하기 • 129**
내 생각은 이래요

⑯ **가사나 동시 짓기 • 137**
나도 작가

찾아보기 • 145

[개정판] * 머리말
국어라는 들꽃밭

과학의 숲을 지나, 수학의 산을 넘어, 국어의 들판을 지납니다. 돌이켜 보면, 그랬습니다. 비유하자면, '로로로 초등 과학'을 쓸 때는 나무와 새가 어울려 사는 숲을 지나는 것 같았습니다. 자연이 숨 쉬는 숲길에서 제 마음도 호기심 많은 어린이와 같았습니다. '로로로 초등 수학'을 쓸 때는 가파른 산을 오르는 것 같았습니다. 암벽을 만나 수직으로 올라야 할 때는 헛디디지 않으려고 애썼습니다. 수학 공부가 그렇듯이, 힘든

---

*이 책은 2024년 1학기부터 적용된 '2022 개정 교육 과정'의 초등 국어 교과서를 그대로 반영한 개정판입니다. 그러므로, 이 책의 차례는 초등 1학년 국어 교과서의 단원별 차례와 같습니다. '로로로 초등 시리즈'는 교육부의 개정 교육 커리큘럼에 발맞추어 개정판을 내놓습니다.

만큼 성취감도 느꼈습니다. '로로로 초등 국어'의 길은 들꽃이 만발한 들판이었습니다. 말과 글로 피어나는 국어는 갈 길 앞에서 발길을 붙잡는 들꽃밭이었습니다.

　국어는 언어입니다. 인류는 언어를 사용하면서 비로소 '사람'이 되었습니다. 인류는 민족마다 수천, 수만 개의 낱말로 꽤 자세한 생각과 섬세한 감정을 서로 주고받습니다. 그것이 말과 글로 표현된 언어이고, 우리말은 국어입니다. 가까이 있는 사람끼리는 말소리로 의사소통합니다. 멀리 있는 사람끼리는 글로써 표현합니다. 또 이미 오래전에 사셨던 분들이 남긴 글은 수백 년이 지난 오늘날에도 읽힙니다. 이렇게 언어는 사람만이 만들어 사용하는 훌륭한 문화입니다. 그러니 우리 국어를 올바르게 배우고 익혀서, 잘 듣고, 잘 말하고, 잘 읽고, 잘 써야겠습니다.

　동시와 수필은 둘 다 문학이지만, 그 둘은 사뭇 다릅니다. 동시는 종이비행기와 같고, 수필은 연(鳶)과 같습니다. 동시는 어디로 날아갈지 알지 못합니다. 손을 떠난 종이비행기가 어떻게 활공하여 얼마큼 날아갈지는 비행기를 날린 사람도 모릅니다. 그것이 동시(시)의 매력입니다. 그래서 동시는 쓰는 사람도, 읽는 사람도 자유롭습니다. 반면에, 수필(산문)은 연처럼 얼레와 연줄에 매여 있습니다. 그래서 수필(산문)은 연을 날리고 싶은 방향과 높이를 가늠하여 조종할 수 있습니다. 그 둘의 장점을 살려서 이 국어 시리즈도 교과 단원의 핵심 개념을 주목하여 썼습니다. 정답을 요구하지 않는 서술형 문제는 독자의 미래를 위한 덤입니다. 그 문제들이, 가만히 생각하는 어린이 독자에게 봄이면 피어날 '겨울눈'*이 되기를 바랍니다.

국어 시리즈도 이철형 화가와 함께 작업했습니다. 화가의 마음을 닮은 그림들은 어색한 꾸밈도, 지나친 과장도 없어서 참 자연스럽습니다. 더불어, 국어 시리즈의 그림들은 완성된 그림과 완성되지 않은 그림들이 함께 수록되어 있습니다. 절반이 넘는 그림을 일부러 완성하지 않은 채 실었습니다. 색칠하지 않은 부분은 독자의 몫으로 남겼습니다. '로로로' 시리즈는 융합 교육을 지향합니다. 국어 시리즈는 문학뿐만 아니라, '미술'과도 연결했습니다. 그러니, 미완성 그림에는 독자가 자유롭게 색칠해 보기 바랍니다. 생각과 느낌은 마음을 따르는 손이 더욱 잘 표현할 수 있습니다.

앞서 나온 '로로로' 시리즈에 대한 서평을 인터넷 서점에서 읽었습니다. 그 요지는 이랬습니다. '내가 자라던 시절에도 이런 책이 있었더라면……. 재미없는 수학을 삼촌이 조곤조곤 쉽게 이야기해 주는 느낌.' 제 얼굴은 빙그레 웃었고, 마음은 흐뭇했습니다. 그 독자분의 마음과 같은 마음에서 '로로로' 시리즈가 시작되었기 때문입니다. 공감에 감사드립니다.

2024년 12월에 개정판을 펴내며
저자 윤병무

* 겨울눈: 가을에 나뭇가지에 생겨서 겨울을 넘기고 봄에 자라는 싹.

1 말차례

말을 주고받을 때 말하는 사람과
듣는 사람이 지키는 순서를 무어라고 할까요?
수업 시간에 친구가 하는 발표를 들을 때
주의할 점은 무엇인가요?
수업 시간에 자신이 발표할 때는
어떻게 하면 좋을까요?
말차례와 발표에 대하여 알아보아요.

만나서 반가워요

말차례

기다리는 중이야.
　　뭐를 기다리는데?
친구의 말이 끝나기를 기다려.

기다리는 중이야.
　　왜 기다리는데?
친구의 말을 끊으면 안 되니까 기다려.

듣는 중이야.
　　무엇을 듣는데?
친구의 말을 귀 기울여 듣고 있어.

말할 거야.
　　왜 말하는데?
내 차례가 되었으니까 말할 거야.

말할 거야.
 　무엇을 말할 건데?
내가 **하고 싶은 말**을 할 거야.

말할 거야.
 　어떻게 말할 건데?
내 말을 **끝까지 분명하게** 할 거야.

기다릴 거야.
 　누가 무엇을 기다려?
친구가 내 **말차례**를 기다릴 거야.

친구가 말차례를 기다릴 거야.
 　친구가 왜 말차례를 기다려?
친구 마음과 내 마음은 닮았으니까.

　이런 말이 있어요. '입은 하나이고 귀와 눈은 둘이다. 그것은 많이 듣고 많이 보되, 말은 절반만 하라는 까닭이다.' 교훈적인 이 말이 어떻게 읽히나요? 그래서 우리는 말하기와 듣기를 잘 구분하여 적절히 해야 해요. 다시 말하면, 상대가 말하는 동안에는 상대의 말에 귀 기울여야 해요. 이 얘기는 상대가 말하는 동안에는 불쑥 끼어들면 안 된다는 뜻이에요. 그래서 상대가 너무 오래 말하지 않는다면, 상대가 하는 말이 끝나기를 잠자코 기다려야 해요. 그러고 나서 자신도 할 말을 시작해요. 자신이 말할 때는 하고 싶은 말을 끝까지 분명하게 해요. 우리가 대화를 할 때, 이런 순서를 지키는 것을 '말차례'라고 해요. 즉, 말차례는 말을 주고받을 때 말하는 사람과 듣는 사람이 지키는 순서예요.

수업 시간에 친구가 하는 발표를 들을 때 주의할 점도 있어요. 우선, 발표를 들을 때는 발표하는 친구의 얼굴을 바라보면서 바른 자세로 들어요. 그러지 않고 다른 곳을 바라보며 한눈을 팔거나 딴짓을 하면 발표도 잘 들을 수 없게 되고, 발표하는 친구의 마음을 불편하게 하게 되어요. 그리고 발표를 듣다가 궁금한 내용이 있으면 발표에 방해되지 않게 손을 들고 적절한 기회를 얻어 질문해요. 또, 발표한 내용을 잘 이해했다면 미소를 짓거나 고개를 끄덕이면 좋아요. 그러면, 발표하는 친구가 편안한 마음으로 발표를 이어갈 수 있기 때문이에요. 그리고 발표를 들으며 중요한 내용은 공책에 쓰면서 들으면 더 잘 기억할 수 있어요. 또한, 자신의 말차례가 되었을 때는 하고 싶은 말을 중단하지 말고 분명하게 해요.

그럼, 수업 시간에 자신이 발표할 때는 어떻게 하면

좋을까요? 발표하는 사람도 바른 자세로 말해야 해요. 자신 없는 표정으로 고개를 숙이거나 천장을 바라보며 발표를 하면 발표를 듣는 친구들의 마음이 불편해요. 그래서 듣는 친구들을 똑바로 바라보며 자신 있게 발표해요. 발표하는 목소리는 너무 크지도, 작지도 않게 내면 좋아요. 목소리가 너무 크면 시끄럽게 들리고, 너무 작으면 잘 들리지 않으니까요. 또, 말소리는 너무 빠르지도, 느리지도 않게 또박또박 말해요. 말소리가 너무 빠르면 귀담아 듣기 힘들고, 말소리가 너무 느리면 답답하게 들리니까요. 그리고 발표할 내용을 미리 준비해 두면 좋아요. 종이에 미리 적은 내용을 곁눈질하며 발표하면 발표하려던 말을 빠뜨리지 않고 할 수 있어서 도움이 되어요. 또한, 듣는 친구들의 입장도 생각하며 발표하면 친구들이 더욱 귀담아 들을 수 있어서 서로가 좋아요.

• 아래의 두 물음을 읽고
  스스로의 생각을 자유롭게 써 보아요.

1. 내가 말할 차례를 기다리는데, 상대가 너무 오래 말한다면 어떻게 하면 좋을까요? 곰곰이 생각하여 대답하세요.

2. 발표를 듣는 태도와 발표를 하는 태도에는 공통점이 있어요. 그것은 무엇인가요? 한두 문장으로 쓰세요.

2
말을 주고받는 놀이

놀잇감 없이도 할 수 있는 놀이는 무엇일까요?
'말놀이'에는 어떤 종류들이 있을까요?
말놀이에는 어떤 재미와 장점이 있을까요?
말놀이하는 방법과 규칙을 알아보고,
친구나 가족과 함께
여러 말놀이를 해 보아요.

말놀이

말이 논다.
야생마가 초원에서 논다.

말이 논다.
양치기 소년을 제 등에 태워 뛰어논다.

말이 논다.
큰 울타리 안에서 한가하게 논다.

말이 논다.
초승달이 은하수를 건널 때 서서 논다.

말이 논다.
끝까지 읽은 책 속에서 쉬면서 논다.

동시로
생각하고

말이 논다.
기분 좋은 아빠의 농담으로 논다.

말이 논다.
할 말을 찾지 못할 때 심심해서 논다.

말은 놀고 싶은데
놀지 못하는 말은 재미없다.

말이 놀지 못하면
이튿날 힘차게 뛸 수 없고

말이 놀면
말은 말을 낳아 즐거운 말 마을을 이룬다.

　친구와 놀 때 무얼 하며 노나요? 그네를 타거나 공놀이를 하나요? 블록 쌓기를 하거나 컴퓨터 게임을 하나요? 어떻게 놀든 아이들은 여러 놀이를 해요. 그런데 모든 놀이에는 똑같은 점이 있어요. 그것은 '재미'예요. 재미없는 놀이는 하지 않을 테니까요. 그리고 놀이에는 놀잇감이 필요해요. 그네든, 공이든, 레고 블록이든, 컴퓨터든 말이에요. 그런데 놀잇감 없는 놀이도 있어요. 그것은 '말놀이'이에요. 말놀이는 어떤 놀이일까요? 동물 말을 타고 노는 놀이일까요? 그 놀이는 '말타기', 또는 '승마'라고 해요. 지금 얘기하는 말놀이는 얘기를 서로 주고받으며 즐기는 놀이예요. 둘이나 여럿이서 '말'을 주고받으며 노는 놀이이니, 말놀이에는 놀잇감은 필요 없어요.

말놀이는 어떻게 할까요? 공놀이에는 여러 가지가 있듯이, 말놀이에도 여러 가지가 있어요. '꽁지 따기 말놀이'를 해 보았나요? 꽁지 따기 말놀이는 어떤 말을 듣고, 그 말에서 떠오르는 다른 말을 이어 가는 놀이이에요. 예를 들면, 이런 말놀이예요. "원숭이 엉덩이는 빨개, 빨가면 사과, 사과는 맛있어, 맛있으면 바나나, 바나나는 길어, 길면 기차, 기차는 빨라, 빠르면 비행기, 비행기는 높아, 높으면 백두산, 백두산은 뾰족해, 뾰족하면 바늘, 바늘은 무서워, 무서우면 귀신, 귀신은 싫어, 싫으면 시집가!" 이 말놀이를 들어 보았나요? 여러분의 엄마, 아빠가 아이일 때 하던 말놀이예요.

'끝말잇기'는 여러 번 해 보았을 거예요. 끝말잇기도 말놀이예요. 다음 차례 사람이 끝말을 잇기 힘든 낱말을 고르는 재미가 있는 말놀이이지요. 또, 포함되는 낱말 말하기 놀이도 재미있어요. 이 말놀이는 누군가 상점을 말하면, 다음 사람들이 그 상점에서 파는 물건을 차례대로

하나씩 말하는 놀이예요. 이를테면, 한 친구가 '과일 가게'라고 말했다면, 다음 친구들은 차례대로, '사과, 배, 복숭아, 수박, 참외, 딸기, 감, 키위, 포도……' 식으로 한 사람마다 하나씩 과일 이름을 말하는 놀이예요. 말 덧붙이기 놀이도 있어요. 이 말놀이는 앞서 말한 친구의 말을 다음 친구가 반복하고는 새로운 말을 덧붙이는 놀이예요. 예를 들면, 한 친구가 '편의점에 가면 우유도 있고'라고 말했다면, 다음 친구는 그 말을 이어받아서 '편의점에 가면 우유도 있고, 콜라도 있고'라고 말해요. 또 그다음 친구는 '편의점에 가면 우유도 있고, 콜라도 있고, 초콜릿도 있고'라고 말하면서 계속해서 말을 덧붙이는 말놀이예요. 그러려면 뒷사람은 앞사람들이 말한 낱말들을 잘 기억해야 해요. 이렇게 말놀이를 하다 보면, 말을 마음대로 부려 사용할 수 있는 능력이 생겨요. 그래서 말놀이를 하면 재미도 느끼고, 말하기 능력도 키울 수 있어요.

- 아래의 두 물음을 읽고 스스로의 생각을 자유롭게 써 보아요.

1. '끝말잇기'를 할 때, 끝말을 잇기 어려운 낱말들이 있어요. 그 낱말들은 무엇일까요? 생각나는 대로 써 보세요.

2. 말놀이는 언제, 어디에서 하면 좋은 놀이일까요? 그 '때'와 '장소'를 써 보세요.

3

'꾸며 주는 말'로 생각을 생생하게 나타내기

글쓴이의 생각과 마음이 생생하게 나타난 글은 어떤 글일까요?
'꾸며 주는 말'은 무엇일까요?
'꾸며 주는 말'을 쓰면 좋은 점은 무엇일까요?
생각과 마음이 생생하게 나타나 있는 글을 알아보아요.

겪은 일을 나타내요

꾸며 주는 말 더하기

엄마 아빠와 함께 바다에 갔어요.
엄마 아빠와 함께 **드넓은** 바다에 갔어요.

바다를 보니 마음이 상쾌했어요.
파란 바다를 보니 마음이 **박하사탕처럼** 상쾌했어요.

날씨가 맑아 수평선도 보였어요.
날씨가 맑아 **하늘과 맞닿은** 수평선도 보였어요.

갈매기들이 바다 위를 날아다녔어요.
하얀 갈매기들이 바다 위를 **훨훨** 날아다녔어요.

파도가 햇빛에 빛났어요.
춤추는 파도가 **눈부신** 햇빛에 **반짝반짝** 빛났어요.

우리 가족은 백사장을 걸었어요.
우리 가족은 백사장에 **발자국을 남기며** 걸었어요.

백사장에 앉아 모래성도 쌓았어요.
모래 해변에 모여 앉아 **멋진** 모래성도 쌓았어요.

근처 식당에서 순두부도 먹었어요.
근처 식당에서 **고소한** 순두부도 **맛있게** 먹었어요.

바닷가 숙소에서도 파도 소리가 들렸어요.
바닷가 숙소에서도 **철썩철썩** 파도 소리가 들렸어요.

바다 위에 초승달이 떠 있었어요.
바다 위에 **조각배 같은** 초승달이 떠 있었어요.

오늘 밤에 바다는 초승달 꿈을 꾸는가 봐요.

자유롭게 색칠하여 그림을 완성해 보세요.

　자기가 써 놓은 글을 읽어 보나요? 자기가 쓴 글을 읽어 보는 일은 좋은 습관이에요. 그 글이 일기이든, 편지이든 말이에요. 그것이 왜 좋은 습관일까요? 자기가 쓴 글을 천천히 다시 읽어 보면, 잘못 쓴 말을 찾을 수도 있고, 고쳐 쓰고 싶은 문장이나 덧붙이고 싶은 문장을 발견하기도 하거든요. 잘못 쓴 말은 일부러 틀리려고 한 것이 아니니, 금방 고칠 수 있어요. 그런데 고쳐 쓰고 싶거나, 덧붙이고 싶은 문장은 그 문장의 앞뒤를 잘 살펴서 글을 고쳐야 해요. 그래도 고치고 싶거나 덧붙이고 싶은 마음이 있다는 것은 글을 잘 쓰려는 태도이기에 좋은 습관이에요.

글을 고치거나 덧붙이는 일은 어떻게 이루어질까요? 그것은 글의 내용을 바꾸거나 보태는 글쓰기 활동이기도 하지만, 글로 표현한 글쓴이의 생각과 마음을 생생하게 나타내는 일이기도 해요. 그리고 글쓴이의 생각과 마음이 생생하게 나타난 글에는 꾸며 주는 말이 글에 어울리게 표현되어 있어요. '꾸며 주는 말'은 무엇일까요? 꾸며 주는 말은 어떤 문장에서 뒤에 오는 말을 꾸며 주어 그 뜻을 자세하고 생생하게 나타내 주는 말이에요. 또한, 소리나 모양으로 흉내 내는 말도 꾸며 주는 말이에요.

앞의 동시를 예로 들게요. "바다를 보니 마음이 상쾌했어요."를 "파란 바다를 보니 마음이 박하사탕처럼 상쾌했어요."라고 고쳐 썼어요. 고쳐 쓴 문장에서 '파란'과 '박하사탕처럼'이 꾸며 주는 말이에요. '파란'은 뒤에 오는 말 '바다'를 꾸며 주었고, '박하사탕처럼'은 뒤에 오는 말 '상쾌했어요.'를 꾸며 주었어요. 어때요? 이렇게 고치고 나니, 글이 생생한 표현으로 바뀌지 않았나요? 또, 앞의 동

시에는 소리나 모양을 흉내 내는 말로 꾸며 주는 대목도 있어요. "**철썩철썩** 파도 소리가 들렸어요."에서 '**철썩철썩**'은 '소리'를 흉내 내는 말이에요. "갈매기들이 바다 위를 **훨훨** 날아다녔어요."에서 '**훨훨**'은 '모양'을 흉내 내는 말이에요.

'꾸며 주는 말'을 쓰면 좋은 점은 무엇일까요? 첫째는, 글쓴이의 생각을 정확하고 생생하게 나타낼 수 있어요. 둘째는, 글쓴이의 마음을 실감 나게 표현할 수 있어요. 그래서 잘 쓴 글에는 글쓴이의 생각과 마음이 생생하게 나타나 있어요. 그런 글은 독자의 눈과 마음을 즐겁게 해 주어요. 그것이 글을 읽는 맛이에요. 요리사가 정성껏 만든 음식을 손님이 맛있게 먹듯이, 열심히 쓴 글을 독자가 맛있게 읽으면, 글쓴이도 기분 좋을 거예요.

• 아래의 두 물음을 읽고
  스스로의 생각을 자유롭게 써 보아요.

1. '꾸며 주는 말'을 썼는데, 그 말이 잘 어울리는 표현인지, 아니면 그렇지 않은 표현인지를 어떻게 구별할 수 있을까요?

2. 앞의 동시를 참고하여 '꾸며 주는 말'을 써서 한 문장을 만들어 보세요.

4 동시를 재미있게 읽기

동시는 어떻게 읽으면 좋을까요?
동시를 여럿이서 함께 읽으려면
어떤 방법이 좋을까요?
동시를 혼자서 읽을 때는 어떤 생각을 하며 읽으면
더 재미있을까요?
동시를 읽으며 동시의 참맛을
느껴 보아요.

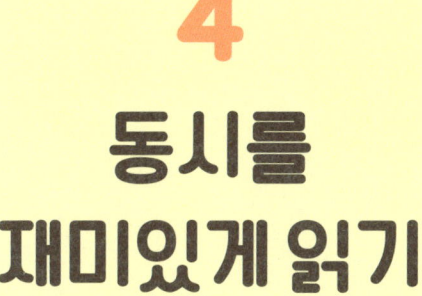

분위기를 살려
읽어요

동시는 나의 요정

동시는 나의 눈.
아침에 잠 깨면 함박눈.
기뻐 놀란 내 동그란 눈.
'눈싸움할까, 눈사람 만들까?'

동시는 나의 귀.
나쁜 마귀여서 이름이 까마귀?
아니, 색깔이 까매서 까마귀.
'검은색도 예쁜데, 왜 나쁜 새라고 할까?'

동시는 나의 코.
엄마가 목도리 짜실 때 부지런한 바늘 코.
무늬가 틀리면 엄마가 하는 말, "아이코!"
'별 모양이 찌그러졌어도 따뜻하면 되잖아?'

동시로 생각하고

동시는 나의 **입**.

독감에 걸려 일주일 만에 한 바깥출**입**.

아빠와 먹은 짜장면이 내 입에 한**입**.

'짬뽕을 먹을 걸 그랬나?'

동시는 나의 **손**.

나는 우리 할아버지에게는 귀한 자**손**.

동생을 때렸을 땐 회초리 앞에 내미는 맨**손**.

'내가 동생으로 태어났으면 좋았을까?'

동시는 나의 **마음**.

나는 달에서 방아 찧는 옥토끼와 한**마음**.

그러다가 엉뚱하게 송편이 먹고 싶은 딴**마음**.

'동시는 나를 마음으로 데려가는 요정인가 봐.'

　동시를 좋아하나요? 동시는 너무 짧아서 재미없나요? 그래요. 어쨌든 동시 한 편은 동화 한 편보다 짧아요. 하지만, 잘 쓴 동시 한 편에는 동화 한 편만큼의 이야기가 있어요. 어떤 동시에는 동화 한 편보다 더 많은 이야기를 담고 있어요. 그래서 동시는 짧아도 동화보다 쫄깃해요. 동화가 튀밥 같다면, 동시는 인절미 같아요. 튀밥과 인절미는 똑같이 쌀로 만든 간식이지만, 튀밥은 쌀이 부풀어 있고, 인절미는 쌀가루가 뭉쳐 있어요. 그래서 ==동시는 짧아도 많은 이야기를 담을 수 있어요.==

　동시를 읽을 때 어떻게 읽나요? 동화를 읽듯이, 이야기의 흐름을 따라가며 읽나요? 아니면, 동시의 쫀득쫀

득한 맛을 느끼며 읽나요? 동시는 노래처럼 가락을 담고 있는 경우가 많아요. 그래서 마치 ==돌림 노래를 부르듯이 친구와 함께 돌아가며 읽어도 좋아요.== 또는 "푸른 하늘 은하수 / 하얀 쪽배에 / 계수나무 한 나무 / 토끼 한 마리"로 시작하는 「반달」(윤극영 작품) 같은 ==동시는 가락의 박자를 맞추듯이, 손뼉을 치거나 발을 구르며 읽어도 재미있어요.== 그래서 예전에 아이들은 둘이 마주 앉아 "쎄쎄쎄" 하고는, 동요를 부르며 서로의 손뼉을 마주치면서 놀기도 했어요.

동시를 혼자서 읽을 때는 어떻게 읽나요? 동시에는 여러 장면이 나와요. 앞의 동시에서처럼 동시에는 함박눈이 내리기도 하고, 엄마가 목도리를 짜시기도 하고, 아빠와 짜장면을 먹기도 하고, 잘못을 저질러 회초리에 맨손을 내밀기도 해요. 그런 동시를 읽다 보면, 동시 속의 장면과 비슷한 경험을 한 독자도 있을 거예요. 물론 그렇지 않은 독자도 있을 거고요. 그래서 ==어떤 독자는 겪은 일을==

떠올리며 동시를 읽을 수 있어요. 그렇지 않은 독자는 동시 속의 장면을 머릿속으로 상상하며 읽을 수 있어요. 그러면 동시는 친절해서 자기를 읽고 있는 독자를 동시 속으로 데려가요.

인물이 나오는 동시도 있어요. 그런 동시를 읽을 때면 인물의 마음을 생각하면서 읽어요. 예를 들어, 이유 없이 사람들에게 손가락질받는 까마귀가 나오는 동시라면, '까마귀가 울면 나쁜 일이 생긴다고 믿는 사람들 때문에 까마귀는 얼마나 서운할까?' 하고 독자는 생각할 수 있어요. 실제로 까마귀는 나쁜 일을 만들지 않으니까요. 오히려 까마귀가 영리한 동물이라는 사실을 아는 독자라면 더 그렇게 생각할 거예요. 이처럼, 동시를 읽을 때도 동화를 읽을 때처럼 동시 속의 장면이나 인물의 마음을 생각하면서 읽으면, 동시만의 쫀득한 재미를 느낄 수 있어요. 그것이 동시를 읽는 참맛이에요.

• 아래의 두 물음을 읽고
  스스로의 생각을 자유롭게 써 보아요.

1. 동시와 동화는 서로 어떻게 다른가요? 그 차이를 자신이 생각하는 대로 써 보세요.

2. 세 줄도 좋고, 네 줄도 좋으니, 스스로 지은 동시를 써 보세요.

5 글쓴이의 마음을 짐작하기

글에 표현된 글쓴이의 경험과 비슷한 일을 겪은 적이 있나요?
글쓴이가 겪은 일을 이해할 수 있나요?
글에 드러나 있는 말과 행동과 마음을 주의 깊게 읽어 보았나요?
글을 읽으며 글쓴이의 마음을 짐작해 보아요.

마음을 짐작해요

동산을 걸으며

우리 동네는 아파트 숲이에요.
아파트들만 쑥쑥 자라서 아파트 숲이에요.

다행히 한가운데에 키 작은 동산이 있어요.
산책 공원도 필요해서 파헤치지 않았나 봐요.

동산에는 소나무도 있고, 진달래도 있고
매화나무도 있고, 굴참나무도 있어요.

굴참나무 아래를 다람쥐가 이리저리 다녀요.
땅에 떨어진 도토리를 찾는가 봐요.

동산에는 현수막이 나무줄기에 걸려 있어요.
"도토리를 주워 가지 마세요." (공원 관리과)

여러 어른의 손을 비닐봉지가 따라다녀요.
봉지마다 도토리들이 시계추처럼 흔들려요.

그분들은 한글을 못 읽나 봐요.
아니면, 눈은 있어도 마음은 없나 봐요.

동산 바깥은 아파트 숲뿐이어서
다람쥐들은 갈 곳이 없어요.

다람쥐가 살 곳은 동산뿐이니
다람쥐는 꿈속에서나 배부를 거예요.

다람쥐는 겨울잠을 자요. 그래서 사람들이
겨울에 산책할 때는 조용히 걷나 봐요.

굴참나무들도 잘 알고 있는지
낙엽 이불로 동산을 덮어 주어요.

　상상으로 지은 동화에는 지은이의 마음은 잘 드러나 있지 않아요. 그 대신, 동화는 등장인물들 사이에 일어난 일들이 이야기를 만들어요. 반면에, 글쓴이의 생각이나 마음이 드러난 글에는 글쓴이의 마음이 담겨 있어요. 그런 글들은 상상이 아닌, 실제로 일어난 일들을 이야기하고 있기 때문이에요. 앞의 동시도 지은이가 실제로 보았던 일을 지은이의 마음과 생각을 담아 쓴 글이에요. 한 신도시의 동네에서 지은이가 산책하다가 본 일을 어린이의 눈높이에 맞추어 동시로 얘기한 거예요. 그쯤의 이야기는 어린이들도 함께 느낄 수 있다고 생각했으니까요.

　글의 내용을 '함께 느낄 수 있다.'라는 말은 독자가 글쓴이의 마음을 짐작할 수 있다는 말이에요. 그리고 글쓴이의 마음을 짐작할 수 있다는 말은 글쓴이가 겪은 일을 알아차릴 수 있다는 말이에요. 독자가 글쓴이와 비슷한 경험을 한 적이 있다면 더욱 잘 알아차릴 수 있어요. 또는, 직접 경험하지 않았더라도, 글 내용의 상황을 이해하면 글쓴이의 마음을 짐작할 수 있어요. 글 내용의 상황은 어느 때, 어디에서, 누구에게 어떤 일이 일어났는지를 나타내 주어요. 앞의 동시를 예로 들면, 가을에, 신도시의 동산(산책 공원)에서, 글쓴이는 다람쥐를 보았고, 도토리를 줍는 몇몇 어른들도 보았어요. 그리고, "도토리를 주워 가지 마세요."라고 쓰인 현수막도 보았어요. 그것이 앞의 동시의 상황이에요.

그 상황에 더하여, 글에 나타난 말과 행동과 마음을 나타내는 말을 살펴보면 글쓴이의 마음을 짐작할 수 있어요. 글쓴이는 다람쥐가 굴참나무 아래에서 이리저리 움직이는 것을 보고는 다람쥐가 땅에 떨어진 도토리를

찾아다닌다고 생각했어요. 또, 몇몇 어른이 비닐봉지에 도토리를 주워 담는 것을 보고는 현수막의 안내문을 못 보았냐며 양심 없는 어른들을 마음속으로 나무랐어요. 그러고는 배고픈 상태로 겨울잠에 들 다람쥐를 가여워했어요. 이러한 내용이 이 동시에 나타난 글쓴이의 말과 행동과 마음이에요.

정리해서 말하자면, 첫째, 글을 읽을 때는 ==글쓴이가 겪은 일과 비슷한 경험==을 했던 나의 경우를 떠올리면 글쓴이의 마음을 짐작하기 쉬워요. 둘째, ==글에 나타난 상황==을 이해하면 글쓴이의 마음을 짐작할 수 있어요. 셋째, ==글에 나타난 말과 행동과 마음을 나타내는 말==을 살피면 글쓴이의 마음을 잘 짐작할 수 있어요. 그러려면 무엇보다도 글쓴이의 마음이 있는 곳으로 독자의 마음이 찾아가야 해요. 그곳이 어디일까요? 그곳은 글 속에 있어요.

• 아래의 두 물음을 읽고
스스로의 생각을 자유롭게 써 보아요.

1. 글쓴이의 마음을 짐작할 수 있는 글이 있었나요?
있었다면 그 내용이 무엇이었는지 써 보세요.

2. 글쓴이의 경험을 내가 겪어 보지 않았다면, 나는 글쓴이의 마음을 어떻게 짐작할 수 있을까요?

6 글에서 글쓴이가 하고 싶은 말 찾기

어떤 글에는 글쓴이의 생각이 잘 나타나 있어요.
어떤 글에는 글쓴이가 주장하고 싶은 마음이
잘 나타나 있어요.
그런 글을 읽으면서 글쓴이가 하고 싶은 말이
무엇인지를 알아보아요.
그리고 글쓴이가 그런 글을 쓰게 된
까닭도 알아보아요.

자신의 생각을
표현해요

용훈이의 비밀 일기

우리 집은 가난하다.
그래서 내 용돈은 거의 없다.
가끔 엄마가 조금씩 주시지만
그 돈으로는 아이스크림 두 개밖에 못 산다.

친구 형윤이가 내게 장난감을 보여주었다.
문구점에 새로 나온 거랬다.
나도 그 장난감을 갖고 싶었다.
장난감 가격이 칠천 원이랬다.

나는 이천 원밖에 없다.
식탁 한쪽에 놓아둔 엄마 저금통을 열었다.
엄마 몰래 천 원짜리 두 장과
오백 원짜리 여섯 개를 꺼냈다.

저금통 옆에는 엄마의 일기장이 놓여 있다.
내가 일기를 쓰기 싫어해서
얼마 전부터 엄마도 일기를 쓰신다.
엄마의 일기장을 펼쳐 보았다.

"살림이 나아지지 않는다.
벌이가 적어서 생활비가 빠듯하다.
용훈이의 신발이 낡았다.
잔돈을 저금통에 모으고 있다.
키가 크면 발도 클 테니, 부지런히 모아서
다음 달에는 새 운동화를 사 주어야겠다."

엄마의 일기장을 덮었다.
오천 원을 다시 저금통에 넣었다.
장난감은 설날 세뱃돈으로 사야겠다.

다음 달에는 새 운동화가 생긴다.
그때까지는 내 발이 더 크지 않아야겠다.
그런데 왜 눈물이 나는지 모르겠다.

　글의 종류는 여러 가지예요. 마음을 가락에 실어 쓴 동시도 있고요, 흥미로운 이야기를 상상으로 지어낸 동화도 있어요. 또 생활을 솔직하게 기록한 일기도 있고요, 멀리 있는 사람에게 소식을 전하는 편지도 있어요. 그런가 하면, 어떤 일에 대하여 자기 생각을 나타내는 글도 있어요. 동시는 동시를 읽는 맛이 있고, 동화는 이야기를 읽는 재미가 있어요. 일기에는 글쓴이가 어떻게 살고 있는지가 나타나 있어요. 편지에는 글쓴이에게 어떤 일이 있는지가 나타나 있어요. 그럼, 글쓴이의 생각을 나타낸 글을 읽으면 무엇을 알 수 있을까요? 그런 글에는 글쓴이가 말하고 싶어 하는 내용이 담겨 있어서 글쓴이의 생각을 알아차릴 수 있어요.

그러므로 ==좋은 생각과 진심의 말이 잘 담긴 글일수록 독자는 글쓴이의 생각을 잘 알게 되어요.== 그리고 그런 글에는 독자의 마음을 움직이는 힘이 있어요. 그런 글은 어떤 글일까요? 이런 상상을 해 볼까요? 어느 집의 엄마와 아빠는 맞벌이 부부예요. 아빠는 집안 살림을 도와요. 아빠는 지방 출장도 자주 가세요. 아빠가 출장 가시면 며칠 후에나 오세요. 그런 아빠가 어느 날 개구쟁이 아들에게 글을 써서 아들 책상 위에 올려놓으셨어요. "사랑하는 아들 용훈아, 엄마가 어젯밤부터 몸살감기로 아프시다. 아빠는 출장을 미룰 수 없어서 새벽에 출발한다. 이제 곧 나가야 해. 아빠가 없는 동안 네가 집안일을 도우면 좋겠구나. 방 청소, 빨래 널기, 재활용 쓰레기 분리배출만이라도 네가 한다면 엄마에게 큰 도움이 될 것 같구나. 몇 달 후면 용훈이가 3학년에 올라가니 그쯤의 일은 잘하리라 믿는다. 아빠가 올라올 때 용훈이가 좋아하는 곰보빵 사 올게. 부탁해. 사랑한다."

    아빠의 글을 읽고 아들 용훈이는 어떤 생각을 하고, 어떻게 행동할까요? 귀찮은 일을 시켜서 짜증을 낼까요? 아빠의 부탁이니 마지못해서 집안일을 돕는 척할까요? 곰보빵을 먹을 욕심으로 돕는 흉내만 낼까요? 아마도 용훈이는 가족을 사랑하시는 아빠의 마음을 알아차리고는 힘차게 집안일을 돕지 않을까요? 아빠의 글에서 아빠의 생각과 마음을 알아차렸을 테니까요. 엄마가 편찮으시다는 것, 아빠가 출장 일로 집안일을 돕지 못한다는 것, 그래서 아들이 대신 엄마를 돕길 바란다는 것, 얼마 후면 아들이 3학년이 될 만큼 자랐다는 것, 그런 아들을 믿는다는 것, 곰보빵도 사 오시겠다는 것. 그러니 용훈이도 가족을 사랑하는 마음으로 살림을 돕지 않을까요? 그러면서 용훈이의 마음도 한 뼘은 더 자랄 거예요.

• 아래의 두 물음을 읽고
  스스로의 생각을 자유롭게 써 보아요.

1. 글쓴이의 생각이 잘 나타난 글을 읽고, 글쓴이의 생각에 대한 나의 생각을 간단히 써 보세요.

2. 앞의 수필에서 아빠가 아들에게 글을 쓴 까닭은 무엇일까요?

7
나쁜 말과 고운 말

말은 어디에서 나올까요?
나쁜 말을 하면 어떤 말이 되돌아올까요?
고운 말을 하면 어떤 말이 되돌아올까요?
나쁜 말과 고운 말을 생각해 보고,
평소에 우리가 주고받는 말에 관하여
알아보아요.

마음을 담아서
말해요

밤송이와 민들레

친구에게 가시 돋은 말을 하면
친구의 마음에 가시가 박혀요.

친구의 마음에 가시가 박히면
친구의 마음에서 피가 맺혀요.

상처 난 마음의 자리에서
더 큰 가시가 돋아나요.

가시 돋은 마음에서 말이 나와요.
가시가 말에 박혀 가시 말이 나와요.

가시 말이 친구의 마음에 박혀요.
친구의 마음에서도 피가 맺혀요.

두 친구의 마음이 밤송이가 되어요.

친구에게 솜털 같은 말을 하면
친구의 마음에 솜털이 내려앉아요.

친구의 마음에 솜털이 내려앉으면
친구의 마음에서 꽃이 피어요.

꽃 핀 마음의 자리에서
더 예쁜 꽃이 피어나요.

꽃 핀 마음에서 말이 나와요.
꽃이 말에 피어 꽃 말이 나와요.

꽃 말이 친구의 마음에 내려앉아요.
친구의 마음에서도 꽃이 피어요.

두 친구의 마음이 민들레가 되어요.

　말은 어디에서 나올까요? 말은 입에서 목소리로 나와요. 하지만 말을 한다는 것은 어떤 생각을 했다는 거예요. 그리고 어떤 생각을 했다는 것은 어떤 감정도 느꼈다는 거예요. 그래서 말은 생각과 마음의 활동이에요. 엄마 아빠에게 하는 말도, 선생님에게 하는 말도, 친구들에게 하는 말도 마찬가지이에요. 우리가 말을 할 때는 우리의 생각과 마음이 우리의 입을 통하여 그 생각과 마음을 드러내는 거예요. 그래서 내가 어떤 말을 할 때는 내 생각과 마음이 내 몸 바깥으로 드러나요. 그렇게 드러난 말은 그 말을 듣는 사람의 귀를 통하여 그 사람의 마음에 전달되어요. 그러면 그 사람도 나에게 어떤 말로 대꾸해요. 그 사람의 생각과 마음이 그 사람의 몸 밖으로 드러나는 거예요. 그래서 세상의 모든 사람이 하는 말은 그 사람들의 생각과 마음에서 나와요.

그런데, ==어떤 말을 들으면 기분이 나빠요. 그 사람이 나에게 한 말이 내 마음을 불편하게 하기 때문이에요.== 나는 그 사람의 말을 통하여 나를 함부로 대하는 그 사람의 생각과 마음을 알아차린 거예요. 어느 때는 내가 잘못 알아차릴 수도 있어요. 그래도 나의 잘못만은 아니에요. 내가 잘못 알아들을 수도 있다는 것을 그 사람이 미리 헤아리지 못했으니까요. 하지만 그 사람의 말을 내가 잘못 알아들었다면, 나는 내 생각과 마음을 가만히 되돌아보아야 해요. 그렇지 않으면, 다음번에도 내가 잘못 알아들을 수 있으니까요. 그리고 그 사람은 자기의 생각과 마음을 말로 표현하는 방법을 가만히 되돌아보아야 해요. 그렇지 않으면, 다음번에도 자기가 한 말을 듣는 사람이 잘못 알아들을 수도 있으니까요.

　　어떤 말을 들으면 기분이 좋아요. 그 사람이 나에게 한 말이 내 마음을 편안하게 하기 때문이에요. 나는 그 사람의 말을 통하여 나를 예의 있게 대하는 그 사람의 생각과 마음을 알아차린 거예요. 그런 고운 말을 들으면 내 생각과 마음도 그 사람에게 보답하고 싶어져요. 그래서 내 생각과 마음도 나의 입을 통하여 그 사람이 기분 좋을 말로 대꾸하게 되어요. 말은 마음의 거울이에요. 나쁜 말을 들으면 기분이 나빠져서 상대도 기분 나빠할 말로 대꾸하기 마련이에요. 반면에, 고운 말을 들으면 기분이 좋아져서 상대도 기분 좋아할 말로 응답하기 마련이에요. 그래서 나쁜 말을 하면 나쁜 말이 돌아오고, 고운 말을 하면 고운 말이 돌아와요. 여러분은 평소에 어떤 말을 자주 하나요?

• 아래의 두 물음을 읽고
  스스로의 생각을 자유롭게 써 보아요.

1. 나쁜 말을 하려고 하지 않았는데, 나쁜 말이 불쑥 튀어나왔을 때는 다음 말을 어떻게 하면 좋을까요?

2. 고운 말을 했는데도 상대가 기분 나쁘게 받아들이면, 다음 말을 어떻게 하면 좋을까요?

8
이야기 속의 인물을 말과 글로 표현하기

이야기를 읽으면 이야기 속의 인물이 머릿속에 떠오르나요?
그 인물은 어떤 모습인가요?
그 인물의 모습을 말이나 글로 표현해 보아요.
동화 같은 이야기를 읽으며
인물의 모습을 마음속에 그려 보아요.

다양한 작품을 감상해요

상상하는 크레파스

피노키오의 아빠는
피노키오를 어떤 나무로 만들었을까?
피노키오의 얼굴과 몸을
소나무나 향나무로 만들었으면
피노키오가 지날 때마다 향기로웠겠다.

신데렐라가 잃어버렸던 유리 구두는
어떤 색깔이었을까?
그냥 투명한 유리창 같았을까?
구두코에 뭉친 발가락이 보이지 않게
짙은 보라색이었다면 예뻤겠다.

흥부네 집 마당에서 쑥쑥 자란
박들은 얼마나 커다랬을까?
박에서 쌀과 돈이 나오고

일꾼들도 나와서 대궐집을 지어 줬다니
일꾼들 키보다 훨씬 큰 박이었겠다.

피터 팬의 친구 팅커벨 요정의 날개는
어떤 새의 날개를 닮았을까?
공기를 저어 선 채로
꽃잎 속의 꿀을 빨아 먹는다는
작은 벌새의 날개를 닮았을까?

잭의 콩나무는 어떻게 생겼을까?
잭이 콩나무를 타고 거인 집까지 올랐으니
그 줄기는 산만큼 큰 칡넝쿨처럼 생겼을까?
콩나무가 콩나물 같은 모양이라면
줄기에 힘도 없고 미끄러워 못 오를 테니.

재미있는 동화를 읽으면
내 마음이 상상하는 색색의 크레파스가
이야기 속의 이런저런 모습을 그린다.
내 마음은 화가인가 보다.

　동화 같은 이야기를 읽을 때 어떤 생각을 하면서 읽나요? 아무 생각 없이 그냥 글자만 읽나요? 아마도 그런 독자는 없을 거예요. 우리말의 낱말 뜻을 알고 있다면 말이에요. 예를 들어, "소나기가 그치자, 둥지에 혼자 남은 새끼 새가 앞산 너머에 무지개가 반달 모양으로 펼쳐진 것을 바라보았어요."라고 표현한 동화가 있다고 생각해 보아요. 그 대목을 읽고 있는 독자는 자연스레 몇 가지 장면을 생각할 거예요. 먼저, 굵은 빗줄기로 쏟아지는 소나기를 머릿속에 떠올릴 거예요. 또, 먼 산의 풍경도 떠올릴 거예요. 그리고 반달 모양으로 하늘에 뜬 일곱 색깔 무지개를 생각하겠죠. 그러고는, 먹이를 구하러 떠난 어미 새가 돌아오기를 기다리는 새끼 새의 모습을 마음속에 떠올릴 수 있을 거예요.

이처럼 우리는 어떤 이야기를 읽을 때면 이야기 속의 상황과 인물을 마음속에 떠올리면서 읽어요. 그런데, 똑같은 이야기를 읽더라도, 이야기 속의 장면들을 마음속에 떠올린 모양은 독자마다 달라요. 소나기, 무지개, 앞산, 둥지, 새끼 새의 색깔과 모양이 독자의 경험과 마음에 따라 다르기 때문이에요. 그래서 독자가 이야기를 읽는 동안에 마음속에 무엇을, 어떤 모습으로 떠올리느냐에 따라 글 읽기가 달라져요. 피노키오가 거짓말을 할 때마다 피노키오의 코가 길어졌어요. 피노키오는 나무를 깎아 만든 사람이어서 피노키오의 코도 나무예요. 그런데도 길어진 피노키오의 나무 코는 고무줄처럼 늘어났을까요? 과학에 관심 있는 독자라면 이런 생각을 할 수도 있겠어요.

이렇게 이야기 속의 장면을 자연스레 마음으로 그림

그리는 활동을 '상상한다.'라고 해요. 상상은 실제로 겪은 일은 아니지만, 어떤 물건이나 풍경이나 인물의 모습을 마음속으로 그림 그리는 활동이에요. 상상을 멋지게 잘하는 사람은 누구일까요? 영화감독이지 않을까요? 영화를 만들려면 글로 쓴 시나리오*를 읽고, 시나리오에 등장하는 인물에 걸맞은 배우를 정해서, 이야기 상황을 영상으로 찍은 다음에, 화면 모양이 잘 나오게끔 영상을 오리고 붙여요. 이 모든 과정을 영화감독이 마음속에 그려낸 그림으로 지휘하여 만들어요. 그러니 영화감독은 뛰어나게 상상하는 사람이에요. 마찬가지로, 우리도 어떤 이야기를 읽는 동안에 나도 모르게 이야기의 상황이나 인물의 모습을 마음으로 그림 그려요. 여러분이 마음으로 그린 이야기 속 인물은 어떤 모습인가요?

*시나리오: 영화를 만들기 위하여 영화의 장면, 배우의 말과 행동을 자세하게 표현한 글.

• 아래의 두 물음을 읽고
  스스로의 생각을 자유롭게 써 보아요.

1. 그림 없는 동화 속 인물 중에서 한 인물의 모습을 떠올려 보세요. 그 인물을 그림으로 그려 보세요.

2. 어떤 두 인물을 그림으로 그려 보세요. 그러고는, 그 그림에 대한 짧은 이야기를 지어 보세요.

9
읽은 작품을 소개하기

내가 읽은 동시나 동화나 옛날이야기를 친구들에게
소개할 때 어떻게 말하면 좋을까요?
동시나 동화나 옛날이야기를 읽으며
머릿속에 떠오른 생각이나
마음속에 담긴 느낌을 친구들에게
말해 보아요.

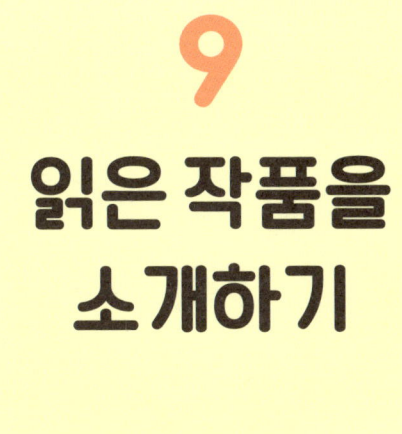

장면을
상상하며

돛배

동시를 읽어요.
내 눈이 한 줄 한 줄 읽어요.

동시를 소리 내어 읽어요.
내 입이 노래하듯 읽어요.

동시를 들어요.
내 입이 소리 낸 동시를 내 귀가 들어요.

내 눈과 귀로 들어온 동시가 닿아요.
활짝 열어 놓은 내 마음에 닿아요.

동시가 동그라미 물결을 그려요.
내 마음의 호수에 퍼지는 물결을 그려요.

동시로 생각하고

나의 말이 돛배가 되어 물결을 타요.
내 돛배가 친구들의 귓바퀴로 떠 가요.

내 돛배가 친구들의 마음에 닿아요.
친구들 마음의 호수에도 물결이 퍼져요.

친구들도 자기들 돛배에 돛을 올려요.
친구들 돛배의 돛은 물음표 모양이에요.

친구들의 돛배가 내 귓바퀴에 닿아요.
물음표로 부푼 친구들의 돛이 내게 물어요.

"재미있게 들었어. 그런데 그 동시가
너에게 느낌표 돛을 올린 곳이 어디니?"

자유롭게 색칠하여 그림을 완성해 보세요.

　내가 읽은 동시나 동화를 친구들에게 얘기해 준 적이 있나요? 친구들을 만나면 재미있게 놀기도 바빠서 평소에는 그럴 일이 별로 없을 거예요. 그래도 학교 수업 시간에는 선생님의 말씀에 따라, 읽은 동시나 동화를 소개할 시간이 있을 거예요. 그 시간에는 대개 모둠으로 모인 학생들이 한 사람씩 돌아가면서 자기가 읽은 동시나 동화를 소개해요. 그때, 내가 읽은 작품을 친구들에게 어떻게 소개하면 좋을까요?

　우선은 소개하려는 작품이 동시인지, 동화인지, 옛날 이야기인지를 밝혀야겠어요. 그것은 마치 지난 주말에 가족과 함께 외식한 음식이 한국 음식인지, 중국 음식인지, 서양 음식인지를 먼저 밝히는 것과 같아요. 가족과 함께 먹은 '팔보채'라는 음식이 중국 음식이라는 것을 먼저 밝히면, 듣는 사람도 음식의 종류를 생각하며 들을 준비를 하게 되거든요. 그다음으로는 <mark>소개하려는 작품의 제목을 알려야겠어요.</mark> 그래야 친구들이 작품의 내용을 미리 **짐작**해 볼 수 있을 테니까요. 소개하는 작품의 제목부터 알리면 좋은 점이 또 있어요. 얘기를 듣는 친구들에게 **호기심**이 생기는 것이에요. 작품의 제목이 흥미로울수록 호기심은 커져요. 그다음은, 소개하는 작품이 동시라면, 그 동시를 읽을 때 좋았던 부분을 읽어 주면서, 왜 그 **대목**이 좋았는지도 말해 주어요. 「풀이래요」라는 동시에서, "엄마는 / 날 보고 / 도깨비바늘이래요. / 엄마에게 / 꼬옥 붙어 / 안 떨어진다고 / —아유, / 요 예쁜 도깨비바늘아! / 그래요."라는 대목은 재미있어요. 그리고 행복한 가족의 모습도 마음속에 느껴져요. 이 동시를 읽고 소개하는 친구도 그렇게 느꼈다면, 그 대목을 친구들에게 소개해 주면 좋아요.

또, 소개하려는 작품이 동화나 옛날이야기일 때는 그 줄거리를 간단히 소개한 다음, 기억에 남은 장면을 머릿속에 떠올려서 내 생각이나 느낌을 덧붙여 얘기하면 좋아요. 그러면, 친구들은 작품 내용도 듣고, 소개하는 친구의 생각과 느낌도 함께 들을 수 있어요. 그러고 나면, 친구들은 방금 들은 이야기에 대해 궁금한 점을 물어볼 수 있어요. 또한, 얘기를 들으며 떠오르는 자기 생각을 나타낼 수도 있어서 좋아요. 소개하는 친구는 다른 친구들의 생각과 느낌을 들을 수 있어서 좋아요. 소개하는 작품을 또 다른 눈으로 살필 수 있기 때문이에요. 동시이든, 동화이든, 작품은 시인과 작가가 쓴 것이어서 내용은 그대로예요. 하지만, 독자가 읽기에 따라 작품의 재미는 여러 방향으로 넓어져요. 그것이 작품을 읽고 소개하는 또 다른 재미예요.

• 아래의 두 물음을 읽고
  스스로의 생각을 자유롭게 써 보아요.

1. 내가 친구들에게 소개하려는 작품을 이미 친구들이 읽어 보았다면, 그때는 어떻게 소개하면 좋을까요?

2. 내가 읽은 작품을 친구들에게 소개하기 전에 먼저 엄마나 아빠에게 소개해 보아요.

10 듣기 좋은 말

'듣기 좋은 말'은 어떤 말일까요?
듣는 사람의 기분을 생각하며 말하려면
어떻게 말해야 할까요?
듣는 사람의 기분을 생각하며 말하면
좋은 점이 무엇일까요?
듣기 좋은 말들을 알아보아요.

서로 존중해요

듣기 좋은 말

(친구에게 전화를 걸어서)
늦어서 미안해. 빨리 갈게.
(친구가 전화를 받고서)
기다릴게. 너무 서두르지 마.

(승강기 버튼을 눌러 주려고)
몇 층에 가세요?
(양손에 짐을 들고)
7층에 갑니다. 고맙습니다.

(음식점에서 손님이)
맛있게 잘 먹었습니다.
(음식점 직원이)
감사합니다. 즐거운 하루 되세요.

(아빠가 딸에게)

오늘은 기운 없어 보이네. 무슨 고민 있니?

(딸이 아빠에게)

있다가는 괜찮을 거예요. 한숨 잘게요.

(선생님이 학생에게)

선생님은 너를 믿는다. 잘할 수 있지?

(학생이 선생님에게)

죄송합니다. 앞으로 이런 일은 없을 거예요.

(아들이 엄마에게)

숙제가 너무 많아요. 쉬었다가 할래요.

(엄마가 아들에게)

그래. 좀 놀렴. 저녁밥 맛있게 해 줄게.

(아이가 눈사람에게)

어때? 내가 만든 네 모습이 마음에 드니?

(눈사람이 아이에게)

너무 멋있어. 네 마음 오래 간직할게.

『로빈슨 크루소』를 아시나요? 이 소설은 5~6학년은 되어야 잘 읽을 수 있어서 아마도 2학년 어린이가 읽은 경우는 별로 없을 거예요. 그래도 세계 명작이어서 이 이야기를 들어 본 어린이도 있을 거예요. '로빈슨 크루소'라는 영국인이 어쩌다가 무인도에서 28년 동안이나 생활하는 이야기예요. 무인도는 사람이 살지 않는 섬이에요. 로빈슨 크루소는 무인도에서 나중에 '프라이데이'라는 남자를 만나지만, 그때까지는 혼자서만 지냈어요. 로빈슨 크루소는 얼마나 외로웠을까요?

다행히 우리는 혼자 살지 않아요. 집에는 가족이 있고, 학교에는 선생님과 친구들이 있고, 동네에는 이웃들이 많아요. 그런데, 그중에는 친절한 사람도 있고, 예의 없는 사람도 있어요. 그리고 예의 없는 사람끼리 마주치면 때때로 다툼도 생겨요. 그들은 자기만 생각하기 때문이에요. 반면에, 친절한 사람들끼리 만나면, 혹시 누군가가 실수하더라도 서로를 위하는 마음이 있어서 다투지 않아요. 그럼, 남을 위하는 마음은 어떻게 표현될까요? 그 마음은 표정과 행동으로 나타나기도 하지만, 말로 드러날 때가 많아요. 남을 위하는 마음이 나타난 말은 어떤 말일까요? 그것은 듣기 좋은 말이에요. 그렇다고, 마음에 없는 말을 거짓으로 꾸미라는 얘기가 아니에요. 거짓말은 오래가지 않아요.

그럼, 정말로 듣기 좋은 말을 하려면 어떻게 말해야 할까요? 듣는 사람의 기분을 생각하며 말해야 해요. 그러려면, 듣는 사람이 어떤 상황에 있는지를 알아차려야 해요. 만약에 친구가 혼자 운동장 한쪽에 앉아 있다면, 그 친구에게 고민이 생겼을 수 있어요. 어쩌면 집에 계신 엄마께

서 편찮으실 수도 있어요. 그럴 때는 친구에게 위로하는 말을 해야 해요. "엄마가 아프시다고? 걱정이 많겠다. 내가 도울 수 있는 일이 있으면 좋겠어." 이렇게 ==위로를 할 때는 걱정하는 표정으로, 친구에게 힘이 되는 말을 골라서 진심으로 말해야 해요.== 그러면 친구는 고마운 마음이 생겨서 따뜻한 말로 대꾸할 거예요. "걱정해 줘서 고마워. 병원에서 치료를 잘 받으면 좋아지실 거래."

이처럼, 듣는 사람의 기분을 생각하면서 말하면 좋은 점이 많아요. 첫째, ==하고 싶은 말을 듣는 사람의 마음이 불편하지 않게 할 수 있어요.== 둘째, ==사이좋게 대화할 수 있어요.== 셋째, 그러면서 ==서로가 더 친해질 수 있어요.== 그리고 듣기 좋은 말을 하면, 그 말은 상대의 마음에 닿았다가 더 따뜻해져서 상대의 입을 통해서 ==나에게 돌아와요.== '듣기 좋은 말'은 마치 불면 불수록 더 많이 생겨나는 예쁜 비눗방울 같아요. '듣기 좋은 말'은 하면 할수록 말하는 사람도 듣는 사람도 정다워져요.

• 아래의 두 물음을 읽고
  스스로의 생각을 자유롭게 써 보아요.

1. 앞의 동시를 참고하여, '듣기 좋은 말'을 한두 마디 써 보세요.

2. 내가 '듣기 싫은 말'은 어떤 말인가요? 그 까닭이 무엇인지 써 보세요.

11
누구를 소개하고 무엇을 설명하기

누구를 소개할 때 어떻게 소개하면 좋을까요?
누구를 소개할 때 조심해야 할 것은 무엇일까요?
무엇을 설명할 때는 어떻게 설명하면
좋을까요?
소개하려는 사람이나 물건의 특징을
머릿속에 떠올려서 잘 소개해 보아요.

내용을 살펴요

우리 아빠

세상에 단 한 분인 우리 아빠.
우리 아빠의 이름은 '이병혁'이지만
저의 할머니께서는 "혁아"라고 부르세요.
외할머니께서는 "이 서방"이라고 부르시고
엄마께서는 "여보"라고 부르세요.
아빠는 직장에서는 "이 팀장"이래요.
그리고 제가 부를 때는 "아빠"이지요.

이름이 여섯이나 되는
우리 아빠는 별명도 있어요.
엄마가 지으신 아빠 별명은 '산신령'이에요.
아빠가 욕실에서 샤워하고 나오실 때마다
수증기가 한 아름 따라 나오거든요.

아빠가 좋아하시는 음식은 산신령답게

냉이, 달래, 두릅, 도라지, 씀바귀예요.
저는 산신령의 딸답게 뭉게구름 같은
솜사탕을 좋아하지만요.

무엇보다 우리 아빠는 잘 웃으세요.
아빠의 눈매는 가만히 있어도 반달이에요.
아빠의 입은 다물고 있어도 초승달이에요.
아빠 별명을 '웃는 달'이라고 바꾸어야겠어요.

그렇게 아빠는 매일 웃고 계시지만 어쩌면
무거운 어깨를 감추려는 것인지도 몰라요.
몸은 하나인데 여섯으로 나누어야 하니까요.

아빠의 몸무게는 65킬로그램이라지만
아빠는 아들, 사위, 남편, 직원, 아빠여서
아빠의 마음 무게는 알지 못해요.

　도시에서만 사는 친구들은 잘 모르는 경험을 해 본 적이 있나요? 꽝꽝 언 겨울 논에서 어른이 직접 만들어 주신 썰매를 타 보았다든지, 정월 대보름날에 들판에서 달집태우기를 한 것 같은 경험 말이에요. 손으로 직접 만든 썰매는 어떻게 생겼으며, 달집을 태울 나무는 어떻게 쌓을까요? 직접 경험해 보았다면, 썰매 만들기와 달집태우기를 설명할 수 있을 거예요. 옛날 썰매는 나무판자 아래에 굵은 철사나 쇠 날을 양쪽에 대고 못을 박아서 만들어요. 썰매 지팡이는 손에 쥐기 편한 나뭇가지를 다듬어 한쪽 끝에 대못을 박아서 얼음을 찍어 미는 데 사용해요.

　이렇게 직접 겪었거나, 배워서 알고 있는 어떤 물건을

글로 잘 설명하는 방법은 무엇일까요? 첫 번째는 글의 제목을 잘 정하는 것이에요. 글을 읽는 사람은 제목부터 읽고, 제목을 읽으면서 글의 내용을 예상하니까요. 그래서 글의 제목은 글의 내용을 한마디로 나타내면 좋아요. 또는, 글을 읽는 사람이 궁금해할 만한 제목도 좋아요. 이를테면, '달집은 노란 춤을 춘다'라는 제목은 활활 타오르는 달집의 모습을 나타내어서 그 모습을 머릿속에 그리게 해 주어요.

두 번째로, 물건에 대하여 잘 설명한 글은 글을 쓰게 된 까닭도 분명하게 나타내요. 옛날 썰매를 설명하는 까닭으로는 무엇이 적당할까요? 그것은 우리 전통 놀이를 소개하고 싶은 이유라면 적당하지 않을까요? 전통 놀이를 알고 싶어 하는 독자가 적지 않을 테니까요. 실제로 오늘날 아이들이 재미있어 하는 놀이는 주로 디지털 게임이나 온라인 게임이 대부분이에요. 하지만 얼음 위에서 썰매 타기를 하거나 들녘에서 연 날리기를 하거나 마

당에서 팽이 놀이를 해 본다면 요즘 아이들도 꽤나 재미있어 할 거예요.

물건을 잘 설명하는 세 번째 방법은 <mark>물건의 특징을 잘 드러내는 것</mark>이에요. 전통 썰매는 어떻게 생겼으며, 주로 어디에서 어떻게 타는지를 설명하면, 자연스레 눈썰매장의 플라스틱 썰매와 비교할 수 있을 거예요. 이처럼, 물건의 특징을 잘 나타낼수록 잘 설명하는 글이 되어요.

• 아래의 두 물음을 읽고
 스스로의 생각을 자유롭게 써 보아요.

1. 앞의 동시를 참고하여, 가족 중 한 사람에 대한 소개 글을 동시로 써 보세요.

2. 친구들이 잘 모르는 어떤 한 물건을 정하여, 그 물건을 설명하는 글을 써 보세요.

12 읽은 글에 대한 글쓰기

글을 읽는 좋은 습관은 무엇일까요?
글을 읽고, 읽은 글에 대하여 글을 써 보았나요?
읽은 글에 대하여 글을 쓸 때는 어떻게 표현하면
좋을까요?
읽은 글에 대하여 솔직한 글을
써 보아요.

마음을 전해요

개미와 베짱이에게

개미들아, 힘들었겠다.
봄, 여름, 가을까지 매일매일
양식을 나르느라고 얼마나 힘들었니?
너희에게도 휴일이 있으면 좋을 텐데.
너희에게도 휴가가 있으면 며칠 쉴 텐데.

베짱이야, 흐뭇했겠다.
네가 초록 풀잎 의자에 앉아서
멋지게 바이올린을 연주하면
땅 위에서 열심히 일하던 개미들이
네 음악을 들으며 잠시 쉴 수 있었을 테니.

그런데 겨울이 왔고 눈보라가 쳤지.
집마다 개미들은 모아 놓은 양식으로
긴긴 겨울을 편히 보낼 수 있었어.

하지만 베짱이는 집도 밥도 없어서
추운 길에서 굶어 죽게 되었었어.

그때 어느 개미집에서 문을 열어 주어
가여운 베짱이를 받아 주면 좋겠는데,
베짱이는 가을까지 놀기만 했다며
개미들이 문 앞에서 거절하면 어쩌나.
베짱이가 문 앞에서 돌아서면 어쩌나.

돌이켜 보면, 지난날 개미들은
베짱이의 연주로 땀을 식혔을 테고,
귀갓길에 흐르던 아름다운 음악 소리에
하루의 피로를 풀었을 텐데.

그러니 개미집 주인들이 돌아가며
겨울이라 심심한 이웃 개미들을 불러서
베짱이의 음악 연주회를 열면 어떨까?
이 세상에 음악이 없다면
아무 재미도 없지 않겠니?

　글을 잘 읽는 습관은 무엇일까요? 글을 꼼꼼히 읽는 것일까요? 맞는 말이에요. 글을 꼼꼼히 읽어야 글의 내용을 분명하게 알아차릴 테니까요. 또, 글을 잘 읽는 태도는 무엇일까요? 글의 내용을 생각하고 느끼면서 읽는 것일까요? 그 말도 맞는 말이에요. 글의 내용을 생각하고 느끼면서 읽는다는 것은 글을 가깝게 만난다는 것이니까요. 그래서 글을 꼼꼼히 읽고, 마음으로 읽으면, 하고 싶은 말이 생기기 마련이에요. 생각과 느낌은 갇혀 있는 것을 싫어하거든요. 그래서 글을 생각하고 느끼면서 읽으면 그 생각과 느낌을 가족이나 친구에게 얘기해 주고 싶은 마음도 생겨요.

그런데, 글을 읽으면서 생긴 생각과 느낌을 말로 하는 것과 글로 쓰는 것은 달라요. 말은 말하는 동안 생각과 느낌이 새처럼 날아가지만, 글은 글 쓰는 동안 생각과 느낌이 마음속에 더욱 새겨지거든요. 그래서 ==읽은 글에 대하여 글을 쓰면, 읽은 글에 더욱 가까워지기 마련이에요.== 그런 글을 흔히 '독후감'이라고 말하지만, 일기일 수도 있고, 편지일 수도 있어요. 그래서 읽은 글에 대하여 글을 쓰면 그 글은 오늘의 일기가 될 수도 있고, 먼 곳에서 일하시는 아빠에게 보내는 편지가 될 수도 있어요.

글을 읽으며 생긴 생각과 느낌은 여러 가지일 거예요. 읽은 글에는 변함이 없지만, 글을 읽는 독자마다 생각과 느낌은 다를 테니까요. 그러니, 독자는 자기가 생각하고 느낀 것을 자유롭게 쓰면 되어요. 그런데 읽은 글이 인물이 등장하는 동화 같은 이야기라면, 등장인물이 겪은 일이나, 등장인물이 한 말이 독자의 생각과 느낌을 일으킬 때가 많아요. 그럴 때는 ==등장인물이 겪은 일이나 등장인==

물이 한 말에 대한 내 생각과 느낌을 솔직하게 글로 표현하면 좋아요. 등장인물이 겪은 일이 안타깝거나 기쁘면, 그 내용을 글로 나타내도 좋아요. 이를테면 동화 「개미와 베짱이」에서 베짱이는 놀기만 하는 게으름뱅이라기보다 바이올린을 연주하는 음악가예요. 그러므로 개미들이 그 음악가를 인정해 줘야 한다고 개미들에게 글로 얘기할 수도 있겠어요.

이렇듯, 읽은 글에 대하여 생각과 마음을 글로 표현하면, 글의 내용이 분명하게 보이고 손에 닿듯 느껴질 거예요. 그리고 독서가 글쓰기로 이어지는 활동이야말로 글을 잘 읽는 태도이자, 습관이에요. 글을 읽는 활동과 글을 쓰는 활동은 따로 떨어져 있는 게 아니에요. 글을 읽을 때도 생각과 느낌으로 읽듯이, 글을 쓸 때도 생각과 느낌으로 쓰니까요.

• 아래의 두 물음을 읽고
  스스로의 생각을 자유롭게 써 보아요.

1. 「개미와 베짱이」를 읽고, 앞의 동시를 참고하여 개미와 베짱이에게 하고 싶은 말을 글로 써 보세요.

2. 글을 솔직하게 쓰고 있나요? 혹시 그렇지 않다면, 무엇이 글을 솔직하게 쓰는 것을 방해할까요? 가만히 생각해 보세요.

13
글자 모양은 비슷해도 말뜻이 다른 낱말들

글자 모양은 비슷해도 말뜻은 다른 낱말들이 있어요.
'틀리다'와 '다르다', '맞추다'와 '맞히다',
'가리키다'와 '가르치다', '적다'와 '작다',
'잃어버리다'와 '잊어버리다'의
말뜻과 쓰임을 알아보아요.

바른 말로
이야기 나누어요

엉뚱한 글

꽃들은 저마다 색깔이 **틀리다**.
　다른 색깔은 있어도
　틀린 색깔은 없어요.
꽃들은 저마다 색깔이 **다르다**.

덧셈 문제를 **맞췄다**.
　문제는 퍼즐이 아니에요.
　정답은 맞히는 거예요.
덧셈 문제를 **맞혔다**.

이모가 구구단을 **가리켜 주셨다**.
　구구단을 손가락으로 가리켰다고요?
　알려 주는 것은 가르치는 일이에요.
이모가 구구단을 **가르쳐 주셨다**.

동시로 생각하고

염소는 황소보다 몸집이 **적다**.
　염소는 황소보다 적게 먹고요,
　염소의 몸집은 황소보다 작아요.
염소는 황소보다 몸집이 **작다**.

친구와의 약속을 **잃어버렸다**.
　약속은 물건이 아니에요.
　깜빡하는 것은 잊는 거예요.
친구와의 약속을 **잊어버렸다**.

숲에서 장수하늘소가 눈에 **띠었다**.
　장수하늘소가 눈에 띠를 둘렀나요?
　눈에 보이는 것은 띄는 거예요.
숲에서 장수하늘소가 눈에 **띄었다**.

　글자 모양은 비슷해도
　말뜻이 다른 말은 많아요.
　말뜻이 다른데도 틀리게 쓰면
　엉뚱한 글이 되어 버려요.

　알고 있는 국어 낱말들을 공책에 써 볼래요? 공책 한 면으로는 부족하지 않나요? 이제 우리는 놀다, 재미있다, 즐겁다, 기쁘다 등의 낱말 뜻을 잘 알아요. 그런데, 낱말 중에는 우리가 잘 알고 있는 것 같지만, 잘못 사용하고 있는 낱말들도 적지 않아요. 이 점은 어른들도 마찬가지예요. 어른이어도 잘못된 말 습관이 굳어 있으면 그래요. 종종 잘못 사용하곤 하는 낱말들이 무엇인지 알아볼까요?

　앞의 동시에도 나오듯, 많은 사람이 다르다라고 해야 하는 말을 틀리다라고 잘못 말하곤 해요. 이를테면, 누군가가 "사람마다 좋아하는 음악이 틀려."라고 말했다면,

그 말이야말로 틀리게 말한 거예요. 사람마다 좋아하는 음악이 다른 것이지, 좋아하는 음악이 틀린(잘못된) 것이 아니니까요. 또, '맞추다'와 '맞히다'도 잘못 사용하기 쉬운 낱말이에요. 맞추다는 여러 뜻으로 사용하는 말이에요. 그 첫 번째 뜻은 서로 떨어져 있는 것들을 제자리에 맞게 붙이는 것이에요. 퍼즐 조각 맞추기가 그것이에요. 또 다른 뜻은 여러 대상을 나란히 놓고 비교하는 것이에요. 여러 인형을 크기 순서대로 늘어놓는 일이 그것이에요. 그 밖에도 맞추다는 카메라의 초점을 맞추는 것, 나란히 선 줄을 맞추는 것, 열차 출발 시각에 맞추는 것, 엄마 뺨에 입술을 맞추는 것 등에 사용하는 낱말이에요. 반면에, 맞히다는 맞다에서 온 말이에요. 그래서 맞히다(맞다)는 문제에 대한 답이 틀리지 않는 것, 반지가 손가락에 맞는 것, 음식이 입맛에 맞는 것 등에 사용하는 낱말이에요. 그러므로, 누군가가 "덧셈 문제를 맞췄다."라고 썼다면, 그 글은 엉뚱해져요. '덧셈 문제를 맞혔다.'라고 써야 맞게 쓰는 거예요.

또한, '적다'와 '작다'도 말뜻이 다르니 구별해서 사용해야 해요. 적다는 분량이 적은 것이고, 작다는 크기가 작은 것이에요. '아침에 먹은 밥은 적었다.' '나는 아빠보다 키가 작다'라고 써야 해요. 또, '가리키다'와 '가르치다'도 말뜻이 달라요. 가리키다는 손가락 등으로 방향이나 물건을 향하여 알리는 행동이에요. 가르치다는 배우는 사람에게 교육하는 활동이에요. '손으로 학교 쪽을 가리켰다.' '학생들에게 체조를 가르쳤다.'라고 써야 해요. 그리고, '잃어버리다'와 '잊어버리다'도 잘못 사용하기 쉬운 말이에요. 잃어버리다는 가지고 있던 물건이 없어진 상태를 뜻해요. 잊어버리다는 알고 있던 것을 기억하지 못하는 상태를 뜻해요. '길에서 돈을 잃어버렸다.' '지난번에 배운 것을 잊어버렸다.'라고 써야 해요. 이처럼, 글자 모양은 비슷해도 뜻이 다른 말이 많아요. 주의하여 사용해야겠어요.

• 아래의 두 물음을 읽고
 스스로의 생각을 자유롭게 써 보아요.

1. 글자 모양이 비슷해도 말뜻이 다른 낱말 중에서 두 낱말을 골라 두 문장을 만들어 보세요. (앞의 동시와 수필을 참고하세요)

2. '늘이다'와 '늘리다'는 글자 모양은 비슷해도 말뜻은 달라요. 이 두 낱말 뜻을 찾아서 써 보세요.

14
연극과 그림책

연극은 무엇일까요?
연극은 이야기를 어떻게 전달할까요?
그림책은 무엇일까요?
그림책은 이야기를 어떻게 전달할까요?
연극과 그림책의 매체에 대하여
알아보아요.

매체를 경험해요

연극배우

입과 **눈**과 **팔**과 **다리**가
공연을 앞두고 연극 무대에서 만났어요.
이 친구 넷은 연기 연습을 하다가
누가 연기를 더 잘하는지 얘기하게 되었어요.

입: 연기는 말소리로 하는 거야.
　　　관객은 인물이 하는 말로 연극을 알아차려.
　　　그러니 나야말로 연기할 때 가장 중요해.

팔: 연기할 때 말소리는 중요해. 그런데
　　　손짓이 없으면 그 무엇도 가리킬 수 없어.
　　　내 손끝에 산도 있고, 달도 있거든.

다리: 말소리도 손짓도 연기에 꼭 필요하지만
　　　내가 없으면 연극배우는 앉아만 있어야 해.

내가 걷고 뛸 때 관객의 눈길은 나를 따라와.

입과 팔과 다리가 자기들을 내세우는 모습을
눈은 가만히 바라만 보았어요.
그러고는 들릴 듯 말 듯 조용히 얘기했어요.

눈: 너희는 관객의 귀와 눈을 사로잡는
　　제각각의 능력이 있어서 훌륭해.
　　나는 얼핏 보면 코와 귀처럼
　　별다르지 않아. 하지만
　　나는 관객의 마음을 움직일 수 있어.
　　내가 눈물 흘리는 장면이 연극의 꽃이거든.

그때, 무대 구석에서 잠깐 단잠을 자던
연극배우가 단꿈에서 깨어났어요. 그러고는
자기의 입과 팔과 다리와 눈을 만지며 말했어요.

그래, 연극이라는 매체는
온몸으로 활짝 피우는 꽃이야!

　책 중에는 글만 쓰여 있는 책이 있어요. 그런가 하면, 그림만 모아져 있는 책도 있어요. 그리고 글과 그림이 함께 어우러진 책도 있어요. 그중에서 그림만 모아져 있는 책이나 글과 그림이 어우러진 책을 그림책이라고 해요. 그런데 오늘날 사람들이 흔히 일컫는 그림책은 어린이를 위하여 주로 그림으로 꾸민 책을 뜻해요. 그래서 어린아이를 위해 만든 책 중에는 유난히 그림책이 참 많아요. 어린아이에게 글만 쓰여 있는 책보다는 그림과 글이 어우러진 그림책이 더 편하게 읽히기 때문이에요.

　그러한 그림책을 읽을 때는 독자가 글과 그림을 함께 엮어서 읽어야 해요. 그림책의 그림과 글은 서로 관련된 내용을 따로따로 표현하고 있기 때문이에요. 예를 들어, 전래 동화인 「콩쥐 팥쥐」에는 깨진 독에 물을 채워야 하는 콩쥐의 딱한 사정을 두꺼비가 도와주는 장면이 글로 표현되어 있어요. 이 장면을 그림책에서는 그림으로도 나타내요. 그래서 그 그림책을 읽는 어린이 독자는 책에서 신기해하고 기뻐하는 콩쥐의 표정을 그림으로 볼 수 있어요. 그러면 그 그림책의 글에서는 굳이 콩쥐가 두꺼비를 보며 신기해하고 기뻐했다는 얘기는 하지 않아도 되어요. 그 장면은 이미 그림이 나타냈기 때문이에요. 이렇게, ==글과 그림이 잘 어우러진 그림책에는 글이 표현하는 내용이 따로 있고, 그림이 표현하는 내용이 따로 있어요.== 잘 만든 그림책일수록 그림과 글이 따로따로 자기 역할을 잘해요. 그래서 그런 그림책은 그림과 글이 서로 도와서 책 내용을 더욱 풍성하게 해 주어요.

반면에, 어떤 그림책은 글의 내용을 그림이 그저 따라 그리기만 해요. 그런 그림책은 책에서 글이 한 얘기를 반

복하여 그림으로 다시 보여주기만 하는 것이에요. 그렇게 만든 그림책은 독자가 흥미롭게 읽지 않아요. 그리고 그래서 책의 수준도 높지 않아요. 그러므로 그림책 속의 그림은 글이 다 얘기하지 못했거나 일부러 생략한 내용을 독자의 눈에 보이게 그림으로 표현하면 좋아요. 그렇게 잘 만든 그림책은 독자의 상상력을 마치 나뭇가지가 풍성한 나무처럼 활짝 키워 주어요. 그림책 속의 글은 이야기의 나무줄기를 글자로 읽혀 주고, 그림책 속의 그림은 이야기의 나뭇가지를 그림으로 보여주니까요. 그림책은 바로 이런 점이 그림책만이 갖고 있는 특징이자 장점이에요.

- 아래의 두 물음을 읽고
  스스로의 생각을 자유롭게 써 보아요.

1. 그림책 「콩쥐 팥쥐」를 연극으로 공연했어요. 연극과 그림책의 공통점은 무엇일까요? 그 공통점을 쓰세요.

2. 그림책 「콩쥐 팥쥐」를 연극으로 공연했어요. 연극과 그림책의 차이점은 무엇일까요? 그 차이점을 쓰세요.

15 자신의 생각을 말과 글로 표현하기

우리는 무엇을 보거나 듣고서
어떤 생각을 하곤 해요.
그 생각을 때때로 말로 표현해요.
자신의 생각을 머릿속에 정리하여
말과 글로 표현해 보아요.

내 생각은 이래요

유기 동물 보호소에서

강아지를 보았어요.
하얀 강아지를 보았어요.
주인 잃은 하얀 강아지를 보았어요.
주인 잃고 혼자인 하얀 강아지를 보았어요.

강아지가 저를 보았어요.
하얀 강아지가 저를 보았어요.
주인 잃은 하얀 강아지가 저를 보았어요.
주인 잃고 혼자인 하얀 강아지가 저를 보았어요.

마음이 뛰었어요.
강아지를 보는 저의 마음이 뛰었어요.
하얀 강아지를 보는 저의 마음이 뛰었어요.
혼자인 하얀 강아지를 보는 저의 마음이 뛰었어요.

저는 강아지를 데려오고 싶었어요.
저는 강아지를 데려와야 한다고 생각했어요.
저는 강아지를 데려와 잘 돌보아야 한다고 생각했어요.
엄마와 아빠께서 저의 생각대로 결정해 주셨어요.

이제는 강아지가 저에게 보답한다고 생각해요.
강아지와 제가 집 밖에 나가면 인기 짱이거든요.
친구들이 양팔을 들고 우리에게 환호해요.
저는 친구들 마음도 강아지처럼 하얗다고 생각해요.

　우리는 눈으로 세상을 보아요. 그래서 말해요. "까마귀가 날개를 펼쳐 날고 있어. 까마귀가 까치보다 더 멋진 것 같아." 귀로는 소리를 들어요. 그래서 말해요. "이 노래는 처음 들어 봐. 크리스마스 캐럴 같아." 코로는 냄새를 맡고, 혀로는 맛을 느껴요. 그래서 말해요. "군고구마는 냄새가 구수해서 더 맛있는 것 같아." 그리고 손 같은 피부로는 어떤 물건이 말랑말랑하거나 딱딱하다는 것을 느껴요. 그래서 말해요. "빨래가 뽀송뽀송하게 잘 말랐어. 이 수건으로 몸을 닦으면 개운하겠어." 이렇게 눈과 귀와 코와 혀와 피부로는 몸 바깥의 것들을 느낄 수 있어요. 그리고 그 느낌을 우리는 말과 글로 표현할 수 있어요.

그런데, 느낌을 말과 글로 표현한다는 것은 느낌에서 생겨난 생각을 말과 글로 표현하는 것이에요. 다시 말하면, 느낌은 생각으로 이어져요. 그래서 ==내가 하는 말과 글은 나의 느낌과 나의 생각의 표현이에요.== 그러한 예를 들어 볼까요? 앞의 동시를 예로 들게요. 앞의 동시에서 글쓴이는 유기 동물 보호소에서 하얀 강아지를 보았어요. 글쓴이는 그 강아지를 보고 마음이 뛰었어요. 그것은 어떤 강한 느낌이에요. 그 느낌이 강아지의 처지를 불쌍해하는 슬픔인지, 강아지가 예뻐서 든 기쁨인지, 혹은 그 두 가지가 섞인 마음인지는 앞의 동시에는 나타나 있지 않아요. 그래도 강아지를 만나서 뛰는 글쓴이의 마음은 어떤 느낌이에요. 그 느낌이 글쓴이에게 어떤 생각을 일으켰어요. 그 강아지를 집에 데려다 키우고 싶다고 생각을 일으켰어요. 그래서 (동시에는 나타나 있지 않지만) 글쓴이는 자기 생각을 엄마, 아빠께 말했을 거예요. 그 강아지를 데려가기로 결정했으니까요.

　이렇게 우리는 생활하면서 자신의 생각을 말이나 글로 표현할 일이 적지 않아요. 학교에서 수업 시간에도 자신의 생각을 말로 발표하기도 하고, 모둠 활동을 하면서도 친구들에게 자신의 생각을 말로 표현해요. 또, 일기를 쓸 때는 그날 겪은 일에 대하여 자신의 생각을 글로 표현해요. 예컨대, '오늘 처음으로 하얀 강아지를 친구들에게 보여주었다. 친구 모두가 강아지를 꽤 예뻐하였다. 강아지도 행복해 보였다. 데려오길 잘했다.'라고 자기 생각을 글로 나타내요. 우리의 생각은 말과 글로 표현할 때 새장을 벗어난 새처럼 날개를 펼쳐 자유롭게 날아가요.

• 아래의 두 물음을 읽고
  스스로의 생각을 자유롭게 써 보아요.

1. 마음과 생각은 서로 다른 것인가요? 곰곰이 생각하여 대답하세요.

2. 자신의 생각을 말로 표현하는 것과 글로 표현하는 것 중에서 어느 쪽이 더 편한가요? 경험을 떠올려 대답하세요.

16
가사나 동시 짓기

노래와 동시는 어떤 점이 비슷할까요?
동시의 가락은 어떻게 느낄 수 있을까요?
가사나 동시를 지을 때는 어떻게 시작하면
좋을까요?
내가 겪은 일들을 생각하면서,
짧은 문장으로 가사나 동시를
지어 보아요.

나도 작가

샛노란 함박눈

가을이 왔는데
친구는 갔어요.

친구 집이 먼 곳으로 이사하여
그곳으로 전학 갔어요.

단짝 친구와
흰 파도처럼 놀았는데
친구는 썰물처럼 떠났어요.

친구가 눈에 안 보이니
벚나무에는 단풍이 들고
저의 눈도 빨개졌어요.

빨가면 사과, 사과는 맛있어,

맛있으면 바나나, 바나나는 길어,
길면, 기차, 기차를 타고
친구와 부르던 노래를 흥얼대며
친구를 만나러 가고 싶어요.

만나러 가고 싶다고 편지를 보낼까요?
마음을 가득 채운 편지 속에
우리 학교 단풍잎도 하나 넣어 볼까요?

빨간 단풍은 슬퍼서
노란 은행잎을 넣을래요.
친구와 나의 볼을 뜨겁게 하던
지난여름 햇볕 같은 단풍을요.

저도 은행잎 하나를 간직할래요.
친구도 편지 속 은행잎을 간직하겠죠?
훗날 가을에 우리는 은행나무 아래서
샛노란 함박눈을 맞으며 만날 거예요.

　노래와 동시는 어떤 점이 비슷할까요? 노래에도, 동시에도 '가락'이 있다는 점이에요. 가락이라는 말뜻은 소리의 높낮이가 소리의 길이나 박자와 어울려 나타나는 소리의 흐름이에요. 노래에는 소리가 있어서 가락을 듣고 금방 느낄 수 있어요. 동시에서는 어떻게 가락을 느낄 수 있을까요? 노래는 노래를 입으로 소리 내어 부를 때 가락을 느낄 수 있어요. 마찬가지로, 동시도 동시를 입으로 소리 내어 읽을 때 가락을 느낄 수 있어요. 그래서 동시를 쓰는 시인은 가락을 느끼며 행을 나누어요. 독자도 가락을 느낄 수 있게 말이에요. 앞의 동시 첫 부분을 소리 내어 읽어 보세요. "가을이 왔는데 / 친구는 갔어요." 문장이 길지 않아서 1행으로 써도 되었겠지만, 일부러 2행으로 나눈 이유는 이 동시에 가락의 옷을 입혀 주려고 했던 거예요.

우리는 노래에 익숙해요. 집에서나, 학교에서나, 길거리에서나, 상점에서나, 자동차 안에서, 여러 노래를 들을 수 있으니까요. 그래서 우리는 때때로 귀에 익은 노래를 나도 모르게 흥얼거리고는 해요. 어느 때는 한 번도 들어 본 적 없는 짧은 가락을 아무 뜻도 없이 나도 모르게 되풀이하여 콧노래를 부르기도 해요. "흠흠흠, 흠흠흠," 하면서 말이에요. 그 가락에 가사를 붙이면 노래가 되어요. 또, 어떤 동시에 어울리는 소리를 붙이면 노래가 되어요. 이 두 가지는 누구나 할 수 있어요. 사실은, 노래를 만드는 음악가도 이 두 가지 방법으로 노래를 만들어요. 어느 때는 어떤 가락을 만든 다음에 그 가락에 가사를 붙이고, 또 다른 때는 어떤 가사를 쓴 다음에 그 가사에 가락을 붙여요. 독자 여러분도 한번 만들어 볼래요? 가벼운 마음으로요.

　가사나 동시를 지을 때는 어떻게 시작하면 좋을까요? 나와 가까운 이야기를 가사나 동시로 지으면 할 말이 적지 않을 거예요. 그래서 가사나 동시를 지을 때는 내가 겪은 일을 내 생각과 느낌이 잘 드러나도록 꾸밈없이 쓰면 좋아요. 이때 중요한 일은 '꾸밈없이 쓰는 것'이에요. 일기나 편지가 그렇듯이, 가사나 동시도 솔직하게 써야만 쓰는 재미도 있고, 글의 내용도 좋아요. 마치 계곡물이 아래쪽으로 흘러가듯, 내 마음이 흐르는 대로 가사나 동시를 쓰면 좋아요. 그리고 마치 날개를 펼친 새가 바람을 타듯, 가사나 동시를 쓸 때도 가락을 타야 좋아요. 그래서 긴 문장은 두세 줄로 나누어 쓰면 가락을 맞출 수 있어요. 또, 노래의 후렴처럼, 되풀이되는 말을 사용하면 박자감을 나타낼 수 있어요. 이 세 가지를 마음에 두고 가사나 동시를 써 보아요. 재미있을 거예요.

• 아래의 두 물음을 읽고
  스스로의 생각을 자유롭게 써 보아요.

1. 짧은 글이어도 좋으니, 한 편의 가사나 동시를 써 보세요.

2. 모양을 흉내 내는 말이나, 소리를 흉내 내는 말에는 '가락'이 있어요. 그 말들을 써 보고, 왜 그런지도 생각해 보아요.

찾아보기

ㄱ
가락 46, 61, 141~144
가사 135~144
고운 말 65~72
그림책 121~128
글쓴이의 생각 33, 38~39, 53, 57, 61~64
글의 제목 102
기억에 남는 장면 87
꽁지 따기 말놀이 30
꾸며 주는 말 33, 38
끝말잇기 30

ㄴ
나쁜 말 65~72

ㄷ
듣기 좋은 말 89~96

ㅁ
말 덧붙이기 놀이 30
말과 행동과 마음을 나타내는 말 55
말놀이 25~32
말차례 17~21

ㅅ
상상 47, 53, 61~62, 74~75, 79
생각이나 느낌 87

ㅇ
연극 121~128

ㅈ
줄거리 87

ㅍ
포함되는 낱말 말하기 놀이 30

ㅎ
흉내 내는 말 38~39, 144

로로로 초등 국어 2학년
동시로 생각하고, 수필로 이해하고, 문제로 논술하는

초판 발행일 2020년 5월 11일
3쇄 발행일 2023년 3월 8일
개정판 발행일 2024년 12월 13일

지은이 윤병무
그린이 이철형
디자인 씨디자인: 조혁준 기경란

펴낸곳 국수
등록번호 제2018-000158호
주소 경기도 고양시 일산동구 진밭로 36-124
전화 (031) 908-9293
팩스 (031) 8056-9294
전자우편 songwriter@kuksu.kr

© 윤병무, 2020, Printed in Goyangsi, Korea

ISBN 979-11-90499-07-1 74810
ISBN 979-11-90499-05-7 (세트)

- 책값은 뒤표지에 쓰여 있습니다.
- 이 책의 저작권은 저자에게, 판권은 국수에 있습니다.
- 이 책 내용의 전부는 물론 일부라도 재사용하려면 반드시 '국수'의 동의를 얻어야 합니다.
- 잘못 만들어진 책은 구입하신 서점에서 교환해드립니다.

이 도서의 국립중앙도서관 출판예정도서목록(CIP)은 서지정보유통지원시스템 홈페이지(http://seoji.nl.go.kr)와 국가자료공동목록시스템(http://www.nl.go.kr/kolisnet)에서 이용하실 수 있습니다. (CIP제어번호: CIP2020015560)

종이에 손을 베지 않도록 주의하세요.
책 모서리에 다칠 수 있으니 책을 던지지 마세요.